Droit de l'homme

Le respect des droits de l'homme :

un devoir universel

TABLE DES MATIERES

Introduction

....

5

I. Les droits de l'homme : définition et évolution

....

9

A-Définition et caractéristiques des droits de l'homme 10
B-L'évolution historique des droits de l'homme 13
C-Les différents types de droits de l'homme 16

II. Les enjeux du respect des droits de l'homme

....

21

A-Les violations des droits de l'homme dans le monde 22
B-Les conséquences de ces violations sur les individus et la société 26

C-Les enjeux éthiques, politiques et économiques 29

III. Les mécanismes de protection des droits de l'homme

....
33

A-Les institutions internationales et les accords internationaux 34
B-Les lois nationales et les systèmes judiciaires 37
C-Les organisations non gouvernementales et la société civile 40

IV. Les défis et les perspectives pour le respect des droits de l'homme

....
46

A-Les défis actuels pour la protection des droits de l'homme 48
B-Les perspectives d'avenir et les innovations dans la protection des droits de l'homme 52

C-Les initiatives individuelles et collectives pour promouvoir et respecter les droits de l'homme 57

Conclusion

....
63

INTRODUCTION

Le respect des droits de l'homme est un sujet crucial qui concerne l'ensemble de la communauté internationale. Depuis la Déclaration Universelle des Droits de l'Homme en 1948, de nombreux progrès ont été réalisés en matière de protection des droits de l'homme. Toutefois, malgré ces avancées, de nombreuses violations des droits de l'homme continuent d'être perpétrées dans le monde entier. Le respect des droits de l'homme est un devoir universel qui incombe à tous les États et acteurs de la société, et il est important de comprendre l'importance de ce devoir pour la préservation de la dignité humaine.

Dans cette introduction, nous examinerons les enjeux liés au respect des droits de l'homme et nous situerons le contexte historique et philosophique dans lequel ce concept s'inscrit.

Les droits de l'homme sont considérés comme universels, car ils sont inhérents à tous les êtres humains, indépendamment de leur sexe, race, nationalité, religion ou toute autre condition. Ces droits sont garantis par le droit international et sont censés être respectés par tous les États. Toutefois, la réalité montre que de nombreux États ne respectent pas ces droits et sont souvent impliqués dans des violations graves des droits de l'homme.

Le contexte historique du respect des droits de l'homme remonte à l'Antiquité, où les philosophes grecs et romains ont discuté de la notion de dignité humaine. Au fil des siècles, cette idée a évolué et a abouti à la création de la Déclaration Universelle des Droits de l'Homme en 1948. Cette déclaration est considérée comme le premier instrument international qui garantit les droits de l'homme universellement.

Aujourd'hui, la protection des droits de l'homme est un enjeu mondial majeur qui nécessite une coopération internationale accrue et une mobilisation de toutes les parties prenantes. Dans les chapitres suivants, nous examinerons les différents aspects du respect des droits de l'homme et les mesures nécessaires pour assurer leur protection universelle.

I. LES DROITS DE L'HOMME : DEFINITION ET EVOLUTION

Le concept de droits de l'homme est étroitement lié à l'idée de dignité humaine et de justice sociale. Depuis la Déclaration des droits de l'homme et du citoyen de 1789, le concept a connu une évolution constante qui s'est traduite par l'émergence de nouveaux droits et de nouveaux enjeux. Aujourd'hui, les droits de l'homme sont considérés comme des normes universelles qui s'appliquent à tous les êtres humains sans distinction. Le premier chapitre de ce livre vise à explorer la définition et l'évolution des droits de l'homme en mettant en évidence les principaux événements et les avancées majeures de l'histoire des droits de l'homme. Nous examinerons également les différentes catégories de droits de l'homme et les problèmes qui se posent dans la mise en œuvre effective de ces droits.

A-Définition et caractéristiques des droits de l'homme

Les droits de l'homme sont des normes juridiques universelles qui garantissent à chaque individu le respect et la protection de sa dignité, de sa liberté et de son égalité. Ils sont considérés comme des droits fondamentaux et inaliénables, qui ne peuvent être ni cédés ni supprimés par aucune autorité étatique ou autre. Les caractéristiques principales des droits de l'homme sont leur universalité, leur interdépendance, leur indivisibilité, leur égalité et leur non-discrimination.

Leur universalité signifie que les droits de l'homme sont applicables à tous les individus, sans distinction de race, de sexe, de religion, de nationalité ou de statut social. Ils sont donc considérés comme un patrimoine commun de l'humanité.

Leur interdépendance et leur indivisibilité signifient que les différents droits de l'homme sont étroitement liés et dépendent les uns des autres. Ainsi, par exemple, le droit à la liberté d'expression est lié au droit à l'information, à la liberté de réunion pacifique, à la liberté de conscience et à la liberté de religion.

L'égalité et la non-discrimination sont des principes fondamentaux des droits de l'homme. Chacun doit être traité avec égalité, sans aucune discrimination, en raison de sa race, de son sexe, de sa religion, de sa nationalité, de son orientation sexuelle, de son handicap ou de tout autre critère.

La notion de droits de l'homme est apparue progressivement au cours de l'histoire, notamment avec les déclarations de droit de l'Antiquité, les chartes de liberté et les constitutions modernes. La Déclaration universelle des droits de l'homme, adoptée en 1948 par les Nations Unies, représente un tournant majeur dans l'histoire de la protection des droits de l'homme. Elle a été suivie par de nombreux autres instruments juridiques internationaux et régionaux, ainsi que par des politiques et des programmes nationaux et internationaux pour promouvoir et protéger les droits de l'homme.

B-L'évolution historique des droits de l'homme

L'évolution historique des droits de l'homme est marquée par une série de révolutions qui ont eu lieu au fil des siècles. Au Moyen Âge, les droits étaient accordés en fonction de la position sociale, de la classe et du statut de la personne. Le concept de droits universels pour tous les êtres humains a commencé à se développer à la Renaissance et à l'âge des Lumières, où les philosophes ont commencé à remettre en question les privilèges de la noblesse et de l'Église. Les idées de liberté, d'égalité et dc fraternité ont été exprimées pour la première fois pendant la Révolution française de 1789, qui a déclaré la Déclaration des droits de l'homme et du citoyen.

Au cours du XIXe siècle, la notion de droits de l'homme s'est développée dans les mouvements abolitionnistes et de suffrage universel. Les mouvements pour les droits civils, les droits des femmes et les droits des travailleurs ont marqué le XXe siècle. La Déclaration universelle des droits de l'homme a été adoptée par l'Assemblée générale des

Nations unies en 1948, reconnaissant les droits fondamentaux de l'homme et leur importance pour la paix et la sécurité internationales. Depuis lors, la protection des droits de l'homme est devenue une préoccupation majeure pour la communauté internationale.

Aujourd'hui, les droits de l'homme sont universellement reconnus comme faisant partie intégrante de la dignité humaine. Les droits de l'homme ont évolué pour inclure des droits économiques, sociaux et culturels, ainsi que des droits civils et politiques. Les droits de l'homme sont maintenant considérés comme un élément essentiel de la gouvernance démocratique et de l'État de droit. Cependant, la réalité est que de nombreux pays continuent de violer les droits de l'homme, ce qui souligne la nécessité de continuer à défendre les droits de l'homme et de les protéger à l'échelle mondiale.

C-Les différents types de droits de l'homme

Les droits de l'homme sont généralement divisés en plusieurs catégories ou types, chacun correspondant à un ensemble particulier de besoins ou de préoccupations. Le premier type de droits de l'homme est les droits civils et politiques, qui sont les droits de base accordés à chaque individu pour garantir sa liberté et son autonomie. Ces droits comprennent le droit à la vie, la liberté de pensée, la liberté d'expression, le droit à un procès équitable et le droit de vote.

Le deuxième type de droits de l'homme est les droits économiques, sociaux et culturels, qui sont liés aux besoins de base des individus pour mener une vie décente. Les droits économiques incluent le droit à un travail décent, à un salaire équitable et à la protection sociale, tandis que les droits sociaux comprennent le droit à la santé, à l'éducation et à un logement décent. Les droits culturels englobent le droit à la participation à la vie culturelle, au développement personnel et à la créativité.

Le troisième type de droits de l'homme est les droits collectifs, qui sont les droits accordés aux groupes ou aux communautés plutôt qu'aux individus. Ces droits incluent le droit à l'autodétermination, à la préservation de l'identité culturelle et à la protection des minorités.

Le quatrième type de droits de l'homme est les droits de l'environnement, qui reconnaissent le droit de chaque personne à un environnement sain et à la préservation de la planète. Ces droits incluent le droit à l'accès à l'eau potable, à la protection de la biodiversité et à la préservation des ressources naturelles.

Le cinquième type de droits de l'homme est les droits de l'homme et des générations futures, qui reconnaissent que les choix que nous faisons aujourd'hui ont des conséquences sur les générations à venir. Ces droits incluent le droit à un développement durable et à une utilisation responsable des ressources naturelles.

Enfin, il y a les droits émergents qui reflètent les préoccupations et les besoins de la société dans un contexte en constante évolution. Ces droits peuvent inclure le droit à la protection des données personnelles, le droit à l'égalité numérique ou encore le droit à la reconnaissance de l'identité de genre.

En résumé, les différents types de droits de l'homme reflètent les besoins et les préoccupations de chaque individu et de chaque communauté. Il est essentiel que ces droits soient respectés et protégés pour assurer la dignité et le bien-être de tous.

II. LES ENJEUX DU RESPECT DES
DROITS DE L'HOMME

Le respect des droits de l'homme est une question cruciale qui concerne l'ensemble de l'humanité. Depuis la Déclaration universelle des droits de l'homme adoptée en 1948 par l'Assemblée générale des Nations Unies, de nombreux progrès ont été réalisés en matière de protection des droits de l'homme. Cependant, de nombreuses violations persistent dans de nombreux pays à travers le monde, compromettant ainsi les libertés fondamentales et le bien-être de millions de personnes. La réalisation d'une société juste et équitable passe nécessairement par le respect et la protection des droits de l'homme. Ce chapitre abordera les différents enjeux liés au respect des droits de l'homme. Il s'agira notamment de comprendre les conséquences des violations des droits de l'homme pour les individus et la société dans son ensemble, ainsi que les défis auxquels font face les institutions et les acteurs engagés dans la protection des droits de l'homme. Enfin, nous aborderons les différents moyens d'actions pour renforcer le respect et la protection des droits de l'homme à l'échelle nationale et internationale.

A-Les violations des droits de l'homme dans le monde

Les violations des droits de l'homme sont encore une réalité dans de nombreuses parties du monde. Les droits humains fondamentaux tels que le droit à la vie, la liberté d'expression, la liberté de religion, la protection contre la torture et les traitements cruels et inhumains, la liberté d'association, l'égalité devant la loi et le droit à un procès équitable sont souvent bafoués. Ces violations peuvent être le résultat de conflits armés, de la répression politique, de la discrimination, de l'oppression des minorités, du manque de respect pour les libertés civiles et politiques, ou de l'absence de droits économiques et sociaux.

Dans de nombreux pays, les gouvernements ont des lois qui limitent la liberté d'expression et de la presse, ce qui empêche les citoyens d'exprimer leur opinion librement ou de critiquer le gouvernement. Les pratiques telles que la torture, les détentions arbitraires et la discrimination sont encore monnaie courante dans de nombreux pays. Les violations des droits de l'homme sont souvent liées à des conflits armés, où les parties impliquées ne respectent pas les lois internationales humanitaires et les droits de l'homme. Les conflits armés peuvent également entraîner des déplacements forcés, des réfugiés, des violences sexuelles et des viols.

Dans certains pays, les minorités ethniques, religieuses et linguistiques sont discriminées, opprimées ou persécutées. Les femmes et les filles sont souvent victimes de violences, notamment de violences sexuelles, et de discrimination dans de nombreux domaines de la vie. Les personnes appartenant à la communauté LGBTQI+ sont également victimes de discrimination et de persécution dans de nombreux pays.

Enfin, dans certains pays, les violations des droits de l'homme sont liées à l'absence de droits économiques et sociaux. Les gens sont privés de leur droit à une éducation, à la santé, à un travail décent, à une alimentation adéquate et à un logement. Les gouvernements ont la responsabilité de garantir ces droits, mais souvent, les politiques économiques ne tiennent pas compte des droits humains.

En somme, les violations des droits de l'homme sont encore une réalité dans de nombreuses régions du monde. La protection des droits de l'homme est un défi mondial et nécessite des efforts concertés de la part de la communauté internationale pour promouvoir et protéger ces droits fondamentaux.

B-Les conséquences de ces violations sur les individus et la société

Les violations des droits de l'homme ont des conséquences graves pour les individus et pour la société dans son ensemble. Les individus victimes de ces violations peuvent subir des dommages physiques et psychologiques irréparables, voire perdre la vie. Les violations des droits de l'homme peuvent également entraîner des déplacements forcés, des séparations familiales, la perte de biens et de moyens de subsistance, ainsi que la destruction de communautés entières.

En plus des effets sur les individus, les violations des droits de l'homme ont des conséquences sur la société dans son ensemble. La violence et l'oppression peuvent conduire à une méfiance généralisée envers les institutions et les autorités gouvernementales, ainsi qu'à une désillusion politique et à une perte de confiance dans les processus démocratiques. Les violations des droits de l'homme peuvent également entraver le développement économique et social en sapant la stabilité politique et en dissuadant les investissements étrangers.

Dans certains cas, les violations des droits de l'homme peuvent conduire à des conflits armés et à des guerres civiles. Les conflits prolongés peuvent aggraver les violations des droits de l'homme et rendre plus difficile la résolution pacifique des conflits. Les conséquences peuvent également se propager au-delà des frontières nationales, menaçant la paix et la sécurité internationales.

En résumé, les violations des droits de l'homme ont des conséquences dévastatrices pour les individus, les communautés et les sociétés dans leur ensemble. La protection des droits de l'homme est donc essentielle pour préserver la dignité humaine et garantir la stabilité politique, économique et sociale.

C-Les enjeux éthiques, politiques et économiques

Le respect des droits de l'homme est un enjeu majeur à la fois sur le plan éthique, politique et économique. Au niveau éthique, les droits de l'homme sont considérés comme universels et intangibles, car ils découlent de la dignité humaine. Ils sont inscrits dans les valeurs morales et les principes de justice sociale qui ont émergé au fil de l'histoire. Le non-respect de ces droits remet en question les fondements mêmes de notre humanité et de notre société.

Sur le plan politique, les droits de l'homme sont une condition essentielle pour assurer la paix, la stabilité et la démocratie dans un pays. Les violations des droits de l'homme sont souvent associées à des régimes autoritaires, des conflits armés, des mouvements extrémistes et des tensions sociales. Le respect des droits de l'homme est donc un enjeu crucial pour la construction d'une société pacifique et équitable.

Enfin, sur le plan économique, les droits de l'homme sont étroitement liés au développement durable. Les pays qui respectent les droits de l'homme ont tendance à être plus prospères et à offrir un meilleur niveau de vie à leur population. Les violations des droits de l'homme peuvent également avoir des conséquences économiques négatives, notamment en termes de commerce, d'investissement et de tourisme. Le respect des droits de l'homme est donc un enjeu crucial pour assurer une croissance économique durable et équitable.

En somme, le respect des droits de l'homme est un enjeu éthique, politique et économique majeur. Il est essentiel pour assurer la dignité humaine, la paix, la stabilité, la démocratie et le développement durable. Les violations des droits de l'homme doivent donc être combattues avec fermeté et les États, les organisations internationales, les entreprises et la société civile doivent travailler ensemble pour garantir le respect universel de ces droits fondamentaux.

III. LES MECANISMES DE PROTECTION DES DROITS DE L'HOMME

La protection des droits de l'homme est un enjeu crucial pour les individus et la société dans son ensemble. C'est pourquoi, des mécanismes de protection des droits de l'homme ont été mis en place afin de garantir leur respect et leur promotion. Ces mécanismes sont d'une importance primordiale pour prévenir les violations des droits de l'homme, pour assurer la justice et l'égalité, et pour promouvoir le bien-être des individus et de la société. Dans ce contexte, le présent chapitre se concentrera sur les mécanismes de protection des droits de l'homme et leur rôle dans la promotion de ces droits. Nous aborderons notamment les différentes institutions et organes créés pour la protection des droits de l'homme, ainsi que les instruments juridiques internationaux qui ont été élaborés à cette fin. Nous analyserons également le rôle des acteurs nationaux et internationaux dans la protection des droits de l'homme, ainsi que les défis auxquels ils font face dans l'exercice de cette mission. Enfin, nous nous intéresserons aux moyens de renforcer ces mécanismes de protection des droits de l'homme pour mieux répondre aux enjeux actuels et futurs.

A-Les institutions internationales et les accords internationaux

Les institutions internationales et les accords internationaux jouent un rôle majeur dans la protection des droits de l'homme. Depuis la Seconde Guerre mondiale, la communauté internationale a élaboré un certain nombre de mécanismes pour garantir le respect des droits de l'homme à travers le monde. Ces mécanismes vont des traités et conventions internationaux aux institutions de surveillance et de réglementation.

Parmi les institutions internationales les plus importantes en matière de droits de l'homme, on peut citer les Nations unies et ses organes tels que le Haut-Commissariat aux droits de l'homme, le Conseil des droits de l'homme et les traités internationaux tels que la

Convention relative aux droits de l'enfant, la Convention pour l'élimination de toutes les formes de discrimination à l'égard des femmes, et la Convention internationale sur l'élimination de toutes les formes de discrimination raciale.

Ces institutions et traités ont créé un ensemble de normes internationales qui énoncent les droits de l'homme et les principes de base de leur protection, ainsi que les obligations des États à cet égard. En outre, ces institutions ont également établi des procédures pour surveiller le respect de ces normes et principes par les États et pour aider les victimes de violations des droits de l'homme.

Enfin, les accords internationaux ont permis de mettre en place des mécanismes de coopération entre États dans le domaine des droits de l'homme, ainsi que des mécanismes pour renforcer la protection des droits de l'homme au niveau national et international.

B-Les lois nationales et les systèmes judiciaires

Les lois nationales et les systèmes judiciaires sont également des mécanismes importants pour la protection des droits de l'homme. En effet, chaque État a le devoir de respecter, protéger et garantir les droits de l'homme de ses citoyens. Pour ce faire, les États ont mis en place des lois et des systèmes judiciaires qui permettent de prévenir les violations des droits de l'homme, de les sanctionner et de garantir une réparation pour les victimes.

Les lois nationales sont des textes juridiques qui définissent les droits et les libertés fondamentaux des citoyens d'un pays. Elles ont pour objectif de protéger les droits de l'homme en garantissant leur respect par les autorités publiques et les individus. Les lois nationales peuvent être complétées par des normes internationales, telles que les conventions internationales relatives aux droits de l'homme, qui ont été ratifiées par les États.

Les systèmes judiciaires, quant à eux, sont des structures qui permettent de garantir l'application des lois et de sanctionner les violations des droits de l'homme. Ils sont chargés de traiter les plaintes des citoyens, de poursuivre les auteurs de violations et de garantir une réparation pour les victimes. Les tribunaux et les juridictions nationales ont ainsi un rôle clé dans la protection des droits de l'homme, car ils permettent aux citoyens d'avoir accès à une justice indépendante et impartiale.

Cependant, il convient de noter que dans de nombreux pays, les lois nationales ne sont pas toujours respectées, et les systèmes judiciaires peuvent être corrompus ou inefficaces. Cela rend difficile la protection des droits de l'homme et la lutte contre les violations. Dans certains cas, les victimes de violations doivent se tourner vers des mécanismes internationaux de protection des droits de l'homme pour obtenir justice et réparation.

En conclusion, les lois nationales et les systèmes judiciaires sont des mécanismes clés pour la protection des droits de l'homme. Cependant, leur efficacité dépend de la volonté politique des États et de leur engagement en faveur de la protection des droits de l'homme.

C-Les organisations non gouvernementales et la société civile

Les organisations non gouvernementales (ONG) et la société civile sont des acteurs clés dans la promotion et la protection des droits de l'homme. Elles ont joué un rôle important dans la prise de conscience de la nécessité de respecter les droits de l'homme et dans la lutte contre les violations de ces droits. Dans ce paragraphe, nous allons explorer le rôle des ONG et de la société civile dans la protection des droits de l'homme.

Tout d'abord, les ONG travaillent à sensibiliser le public aux droits de l'homme et à faire pression sur les gouvernements et les institutions internationales pour qu'ils respectent ces droits. Elles utilisent divers moyens pour atteindre leurs objectifs, tels que les campagnes de sensibilisation, les pétitions, les rapports, les conférences, les manifestations et les actions en justice.

Les ONG sont également actives dans la surveillance des violations des droits de l'homme. Elles surveillent les politiques et les pratiques des gouvernements et des entreprises, et documentent les cas de violations des droits de l'homme. Elles fournissent des informations aux médias et aux organisations internationales et mettent en place des systèmes d'alerte précoce pour prévenir les violations des droits de l'homme.

En outre, les ONG offrent souvent une aide directe aux victimes de violations des droits de l'homme. Elles fournissent des services tels que des soins médicaux, une aide juridique et une assistance financière aux personnes qui ont subi des violations de leurs droits. Elles travaillent également à la réhabilitation des victimes et à leur réintégration dans la société.

Enfin, les ONG sont souvent impliquées dans le plaidoyer pour la mise en place de politiques et de pratiques qui respectent les droits de l'homme. Elles travaillent avec les gouvernements, les organisations internationales et les entreprises pour élaborer des normes et des pratiques qui protègent les droits de l'homme. Elles font pression sur les gouvernements pour qu'ils ratifient les traités et les conventions internationales sur les droits de l'homme et pour qu'ils respectent leurs obligations en matière de droits de l'homme.

La société civile, quant à elle, est un terme qui fait référence à toutes les organisations et les individus qui ne font pas partie du gouvernement ou des entreprises, mais qui travaillent à améliorer les conditions de vie des gens. Elle inclut les groupes communautaires, les syndicats, les groupes religieux, les groupes de défense des droits de l'homme et les organisations de bénévoles. La société civile peut jouer un rôle important dans la promotion et la protection des droits de l'homme, car elle peut offrir une voix alternative à celle des gouvernements et des entreprises.

En conclusion, les ONG et la société civile sont des acteurs clés dans la promotion et la protection des droits de l'homme. Elles travaillent à sensibiliser le public aux droits de l'homme, à surveiller les violations des droits de l'homme, à offrir une aide directe aux victimes de violations des droits de l'homme, et à plaider en faveur de politiques et de pratiques qui respectent les droits de l'homme.

IV. LES DEFIS ET LES PERSPECTIVES POUR LE RESPECT DES DROITS DE L'HOMME

Le respect des droits de l'homme est un défi constant dans le monde entier, et malgré les progrès réalisés, il reste encore beaucoup à faire pour garantir la protection des droits fondamentaux de tous les individus. Les défis auxquels nous sommes confrontés sont nombreux, qu'il s'agisse de lutter contre les violations des droits de l'homme, d'améliorer les mécanismes de protection, de renforcer la coopération internationale ou de faire face aux enjeux émergents tels que les nouvelles technologies.

En outre, il existe de nombreuses perspectives pour renforcer la protection des droits de l'homme, notamment en améliorant l'accès à la justice, en renforçant la coopération internationale, en développant des politiques plus efficaces de lutte contre les discriminations, et en augmentant la participation de la société civile à la promotion et la protection des droits de l'homme. Ce paragraphe examinera les défis et les perspectives qui se présentent dans la protection des droits de l'homme, avec un accent particulier sur les mesures qui peuvent être prises pour relever ces défis et renforcer la protection des droits de l'homme.

A-Les défis actuels pour la protection des droits de l'homme

La protection des droits de l'homme est confrontée à de nombreux défis dans le monde actuel. L'un des défis majeurs est le non-respect des droits de l'homme par certains États, qui peuvent être confrontés à des conflits internes, à des crises économiques ou à des tensions politiques. Dans certains pays, les gouvernements peuvent également adopter des lois restrictives qui limitent les libertés individuelles, comme la liberté d'expression ou de réunion.

Un autre défi est la montée des mouvements extrémistes et des groupes terroristes qui utilisent la violence pour imposer leur vision du monde. Ces groupes peuvent commettre des atrocités envers les populations civiles, comme des actes de torture, des enlèvements, des viols et des meurtres, ce qui constitue une violation flagrante des droits de l'homme.

Par ailleurs, les inégalités économiques et sociales peuvent également constituer un défi pour la protection des droits de l'homme. En effet, la pauvreté et l'exclusion sociale peuvent empêcher les individus d'accéder à leurs droits fondamentaux, comme le droit à l'éducation, à la santé ou au logement. De même, les discriminations envers certaines catégories de population, comme les femmes, les minorités ethniques ou les personnes LGBT, peuvent également constituer une violation des droits de l'homme.

Enfin, la protection des droits de l'homme doit faire face à des défis liés aux nouvelles technologies, en particulier dans le domaine de la protection de la vie privée et de la liberté d'expression. Les gouvernements et les entreprises peuvent utiliser les données personnelles des individus à des fins de surveillance ou de contrôle, ce qui peut constituer une violation des droits de l'homme. De même, la diffusion de fausses informations sur les réseaux sociaux peut également avoir des conséquences graves sur les libertés individuelles.

Face à ces défis, il est essentiel de renforcer les mécanismes de protection des droits de l'homme, tant au niveau national qu'international. Les gouvernements doivent mettre en place des lois et des politiques qui garantissent le respect des droits de l'homme, et doivent assurer l'indépendance et l'efficacité des systèmes judiciaires. Les organisations non gouvernementales et la société civile doivent également jouer un rôle clé dans la promotion et la défense des droits de l'homme, en sensibilisant l'opinion publique, en enquêtant sur les violations des droits de l'homme et en apportant une assistance aux victimes.

Enfin, les défis actuels pour la protection des droits de l'homme doivent être abordés à travers une perspective globale et intégrée, en prenant en compte les liens entre les droits de l'homme, la paix et la sécurité, le développement durable et la lutte contre la pauvreté et les inégalités. Cela nécessite une coopération étroite entre les différents acteurs impliqués dans la protection des droits de l'homme, ainsi qu'une volonté politique forte de la part des gouvernements et de la communauté internationale.

B-Les perspectives d'avenir et les innovations dans la protection des droits de l'homme

Les perspectives d'avenir pour la protection des droits de l'homme sont variées et optimistes. De nombreux développements sont en cours dans le domaine de la protection des droits de l'homme, que ce soit au niveau national, régional ou international. Ces développements comprennent des innovations technologiques, des progrès dans la législation, ainsi que des changements dans l'attitude de la société envers les droits de l'homme.

Les progrès technologiques sont en train de changer la façon dont les violations des droits de l'homme sont documentées et signalées. Les caméras de surveillance, les drones et les réseaux sociaux ont permis de diffuser rapidement des images et des vidéos de violations des droits de l'homme, attirant ainsi l'attention internationale sur ces crimes. Les organisations de défense des droits de l'homme ont également commencé à utiliser la technologie de reconnaissance faciale pour identifier les auteurs de crimes contre les droits de l'homme.

En ce qui concerne la législation, de plus en plus de pays adoptent des lois pour protéger les droits de l'homme. De nombreux pays ont également créé des institutions pour protéger les droits de l'homme, comme des commissions nationales des droits de l'homme ou des tribunaux spécialisés. De plus, des traités internationaux tels que la Convention sur l'élimination de toutes les formes de discrimination à l'égard des femmes (CEDAW) ou la Convention relative aux droits des personnes handicapées sont de plus en plus ratifiés par les États, ce qui renforce leur engagement à respecter les droits de l'homme.

Enfin, la société civile est de plus en plus impliquée dans la protection des droits de l'homme. Les organisations non gouvernementales (ONG) continuent de jouer un rôle clé dans la défense des droits de l'homme, en surveillant les violations, en documentant les abus et en faisant pression sur les gouvernements pour qu'ils agissent. En outre, la société civile s'organise de plus en plus pour faire entendre sa voix dans les espaces de prise de décision, en exigeant une plus grande transparence et une plus grande responsabilité de la part des gouvernements et des entreprises.

Cependant, malgré ces développements encourageants, il reste de nombreux défis à relever dans la protection des droits de l'homme. La pandémie de COVID-19 a eu un impact disproportionné sur les groupes vulnérables, aggravant ainsi les inégalités et les discriminations. La montée de l'extrémisme, du nationalisme et de l'intolérance a également conduit à une augmentation des violations des droits de l'homme dans de nombreux pays. Les conflits armés et les crises humanitaires continuent de causer des souffrances incommensurables à des millions de personnes dans le monde.

Il est donc important que les gouvernements, la société civile et les organisations internationales continuent de travailler ensemble pour relever ces défis et garantir que les droits de l'homme soient respectés pour tous. Les défis peuvent sembler insurmontables, mais avec une action concertée et une vision commune pour un avenir meilleur, il est possible de garantir que le respect des droits de l'homme reste un devoir universel.

C-Les initiatives individuelles et collectives pour promouvoir et respecter les droits de l'homme

Le respect et la promotion des droits de l'homme sont des enjeux majeurs pour la société contemporaine. Ces droits sont universels, inaliénables, indivisibles et interdépendants, et ils sont protégés par le droit international des droits de l'homme. De nombreuses initiatives individuelles et collectives ont été mises en place pour promouvoir et respecter ces droits, que ce soit à l'échelle locale, nationale ou internationale.

Tout d'abord, de nombreuses ONG travaillent au quotidien pour défendre les droits de l'homme. Elles agissent souvent dans des contextes difficiles, où ces droits sont bafoués, comme dans les pays en développement ou en conflit. Ces ONG mènent des actions de plaidoyer, de sensibilisation, d'assistance juridique et de protection des victimes. Elles sont souvent à l'origine de campagnes de mobilisation pour dénoncer les violations des droits de l'homme, comme cela a été le cas récemment avec les mouvements #BlackLivesMatter et #MeToo. Ces initiatives ont permis de mettre en lumière les discriminations et les violences subies par les minorités, et ont contribué à faire évoluer les mentalités et les lois.

Les gouvernements ont également un rôle majeur à jouer dans la promotion et la protection des droits de l'homme. Les États ont signé et ratifié de nombreux traités et conventions internationales qui protègent ces droits, comme la Déclaration universelle des droits de l'homme de 1948, le Pacte international relatif aux droits civils et politiques de 1966, ou encore la Convention relative aux droits de l'enfant de 1989. Ils ont donc une obligation de respecter et de faire respecter ces droits sur leur territoire, et de les protéger contre les violations commises par des acteurs privés ou publics. Pour ce faire, les États doivent mettre en place des politiques publiques, des lois et des institutions qui garantissent l'exercice effectif de ces droits, et permettent aux victimes de faire valoir leurs droits devant les tribunaux.

Enfin, les citoyens ont également un rôle important à jouer dans la promotion et la protection des droits de l'homme. Chacun peut agir à son niveau pour faire respecter ces droits, que ce soit en dénonçant les discriminations et les violences dont il est témoin, en participant à des manifestations ou à des pétitions, ou encore en soutenant financièrement les ONG qui travaillent dans ce domaine. Les réseaux sociaux sont également un outil puissant pour sensibiliser l'opinion publique et dénoncer les violations des droits de l'homme. Les mouvements citoyens ont d'ailleurs été à l'origine de nombreux progrès en matière de droits de l'homme, comme cela a été le cas avec le mouvement des droits civiques aux États-Unis dans les années 1960.

En conclusion, la promotion et la protection des droits de l'homme sont des enjeux majeurs pour la société contemporaine, et de nombreuses initiatives individuelles et collectives ont été mises en place pour y contribuer. Les ONG, les gouvernements et les citoyens ont chacun un rôle à jouer dans ce domaine.

CONCLUSION

Après avoir parcouru les pages de ce livre, nous pouvons récapituler les principaux points abordés. Tout d'abord, nous avons vu que les droits de l'homme sont universels, inaliénables, indivisibles et interdépendants. Ils sont protégés par le droit international des droits de l'homme, et leur promotion et leur respect sont essentiels pour garantir la dignité humaine et assurer la paix et la justice dans le monde.

Nous avons également constaté que de nombreux défis persistent en matière de droits de l'homme, tels que les discriminations, les violences, les atteintes à la liberté d'expression et à la liberté de réunion, ou encore les violations des droits économiques et sociaux. Ces défis sont présents à l'échelle locale, nationale et internationale, et nécessitent une mobilisation collective pour y faire face.

Enfin, nous avons vu que chacun a un rôle à jouer dans la promotion et la protection des droits de l'homme. Les ONG, les gouvernements et les citoyens peuvent tous contribuer à faire respecter ces droits en dénonçant les violations, en mettant en place des politiques et des lois qui garantissent leur respect, ou encore en soutenant financièrement les initiatives qui œuvrent en faveur des droits de l'homme.

En somme, ce livre nous rappelle l'importance du respect des droits de l'homme pour garantir la dignité humaine, la paix et la justice dans le monde. Il nous appelle à l'action, à travers une mobilisation collective pour protéger et respecter ces droits, et à ne pas baisser les bras face aux défis qui persistent en matière de droits de l'homme.